Gitanjali (Sangesopfer)

Rabindranath Tagore

(Translator: Marie Luise Schroeter Gothein)

Alpha Editions

This edition published in 2022

ISBN : 9789356903050

Design and Setting By
Alpha Editions
www.alphaedis.com
Email - info@alphaedis.com

GITANJALI

(SANGESOPFER)

KURT WOLFF VERLAG
MÜNCHEN

Einzig autorisierte deutsche Ausgabe. Nach der von Rabindranath Tagore selbst veranstalteten englischen Ausgabe ins Deutsche übertragen von Marie Luise Gothein. Zweihundert Exemplare wurden zweifarbig auf Kaiserlich Japan gedruckt, in Ganzleder gebunden und handschriftlich numeriert

28. bis 32. Tausend

1

Du machtest mich endlos – so ist dein Belieben. Dies schwache Gefäß leertest du wieder und wieder und fülltest es immer mit neuem Leben.

Du trugst diese kleine Rohrflöte über Hügel und Täler und hauchtest durch sie ewig neue Melodien.

Bei dem unsterblichen Druck deiner Hände verliert mein kleines Herz seine Grenze in Freude und gebiert unaussprechliche Worte.

Deine unendlichen Gaben empfange ich nur auf diesen meinen sehr kleinen Händen. Zeitalter vergehn und immer gießest du aus, und immer ist Raum, um erfüllt zu werden.

2

Wenn du mir befiehlst zu singen, scheint mir das Herz vor Stolz brechen zu wollen; ich schau in dein Antlitz, und Tränen kommen mir in das Auge. All das, was hart und mißtönig ist mir im Leben, zerschmilzt in eine süße Harmonie – und meine Anbetung breitet die Schwingen gleich einem frohen Vogel im Fluge über die See.

Ich weiß, mein Singen macht dir Freude, ich weiß, nur als Sänger werde ich vor dich gelassen.

Ich rühre mit dem Saume der weitausgebreiteten Schwinge des Sangs deine Füße, die nie zu erreichen ich streben könnte.

Trunken von Freude des Singens vergeß ich mich ganz und nenne dich Freund, der du mein Herr bist.

3

Ich weiß nicht, wie du singest, mein Meister, ich lausche immer in stillem Staunen.

Dein Licht der Musik erleuchtet die Welt. Der Lebenshauch deiner Musik läuft von Himmel zu Himmel. Der heilige Strom der Musik durchbricht alle Hindernisse von Stein und stürzet fort.

Mein Herz ersehnt, deinem Sang sich zu einen und ringt umsonst nach Stimme. Ich wollte sprechen, doch Sprache fügt sich dem Sang nicht, da schrei ich getäuscht auf! O du hast mein Herz gefangen in deines Liedes endlosen Maschen, mein Meister.

4

O du meines Lebens Leben! Immer werd ich mich mühn, rein meinen Leib zu erhalten, wissend, daß auf meinen Gliedern lebendig dein Hauch ist.

Immer werd ich mich mühn, Unwahres mir fern vom Denken zu halten, wissend: du bist die Wahrheit, die mir im Geiste das Licht der Vernunft entzündet.

Immer werd ich mich mühn, von meinem Herzen die Übel zu treiben und meine Liebe in Blüte zu halten, wissend: du thronest im Allerheiligsten meines Herzens.

Und es soll immer mein Streben sein: dich offenbaren in meinem Tun, wissend, daß deine Macht mir Kraft gibt zum Handeln.

5

Ich bitte nur um ein wenig Geduld, um an deiner Seite zu sitzen, das Werk, das ich wirke, wird später vollendet.

Ferne dem Schaun auf dein Antlitz, kennt mir das Herz nicht Ruhe noch Rast; und mein Werk wird endloses Mühn am uferlosen Meere der Mühe.

Heut kam der Sommer ans Fenster mit seinem Summen und Surren, die Bienen singen von Minne am Hofe des blühenden Haines.

Nun ist es Zeit, um stille zu sitzen von Antlitz zu Antlitz mit dir und dir zu singen des Lebens Widmung in dieser schweigenden, überströmenden Muße.

6

Pflück diese kleine Blume und nimm sie und zögre nicht, ich fürchte, sie welkt und fällt in den Staub.

Sie wird keinen Platz in deinem Kranze finden, doch ehre sie mit dem Schmerzensdruck deiner Hand und pflücke sie ab. Ich fürchte, der Tag könnt enden, eh ich es merke und die Zeit des Opferns vergehn.

Ist auch die Farbe nicht tief und ihr Duft nur schwach, nütze die Blume für deinen Dienst und pflück sie, solange es Zeit ist.

7

Mein Lied hat seines Schmuckes sich entäußert, es ist nicht stolz auf Kleid und Zier. Der Schmuck könnt unsre Einigkeit zerstören, er würde zwischen dich und mich sich stellen; dein Flüstern könnt ertrinken in dem Klingklang.

Mein Dichterhochmut stirbt in Scham vor deinem Anblick, o Meisterdichter, ich saß dir zu Füßen. Laß mich mein Leben grad und einfach machen, gleich einer Flöte, die du füllst mit Tönen.

8

Das Kind, dem ein fürstlich Kleid man anzog, und das Juwelen um seinen Nacken trägt, verliert alle Freude an seinem Spiel, behindert vom Kleid bei jedem Schritt.

Aus Furcht, es könnte zerreißen, vom Staube befleckt sein, hält es sich fern von der Welt und fürchtet beinah sich zu regen.

Mutter, es ist kein Gewinn im Zwang deines Putzes, wenn er uns ausschließt vom heilsamen Staube der Erde, wenn er des Rechts uns beraubt, hinzuzutreten zum großen Markt des gemeinen menschlichen Lebens.

9

Narr, der du suchst, dich auf eignen Schultern zu tragen; o Bettler, der du kommst, an eignen Türen zu betteln!

Leg deine Lasten in seine Hände, der alles trägt und schaue nicht zurück in Bedauern.

Deine Begierde löschet sogleich das Licht der Lampe, die sie mit ihrem Atem berührt. Unheilig ist sie – nimm nicht deine Gaben aus ihren unreinen Händen. Nimm nur, was heilige Liebe dir bietet.

10

Hier ist dein Schemel, dort ruhn deine Füße, wo die Ärmsten und Niedersten, wo die Verlorenen leben.

Wenn ich versuche, mich dir zu neigen, kann mein Haupt nicht die Tiefe erreichen, wo deine Füße ruhen unter den Ärmsten und Niedersten, den Verlorenen.

Stolz kann niemals sich nähern, wo du umher gehst in den Gewändern der Demütigen unter den Ärmsten und Niedersten, den Verlorenen.

Mein Herz findet nie seinen Weg dorthin, wo du Freundschaft hältst mit den Freundlosen unter den Ärmsten, den Niedersten, den Verlorenen.

11

Laß dies Stimmen und Singen und Sagen des Rosenkranzes! Wen betest du an in diesem einsamen, dunklen Winkel des Tempels, in dem verschlossenen Tor?

Öffne die Augen und sieh, dein Gott ist nicht vor dir.

Er ist dort, wo der Pflüger den harten Grund pflügt, wo der Steinklopfer Steine bricht. Er ist mit ihnen in Sonne und Regen und wo sein Kleid bedeckt ist mit Staub. Leg ab deinen heiligen Mantel und komme herab mit ihm auf den staubigen Boden.

Befreiung? Wo ist die Befreiung zu finden? Unser Meister hat freudig die Bande der Schöpfung auf sich genommen; er ist mit uns für immer gebunden.

Komm heraus aus deiner Betrachtung, laß Blumen und Weihrauch beiseite! Was schadet es, wenn deine Kleider zerreißen und fleckig werden. Geh ihm entgegen, stehe bei ihm in der Arbeit, dem Schweiß deiner Stirne.

12

Die Zeit, die meine Reise braucht, ist lang, und der Weg ist lang.

Ich kam heraus auf dem Wagen im ersten Strahle des Lichts und setzte die Fahrt weiter fort durch die Wildnis der Welten und ließ meine Spur auf manchem Stern und Planeten.

Es ist der fernste Weg, der am nächsten führt zu dir selbst, und jene Übung ist die schwierigste, die zum allereinfachsten Ton kommt.

An jede fernste Türe muß der Wanderer klopfen, bis er zur eigenen gelangt, durch alle äußeren Welten muß man ziehn, zuletzt zum Allerheiligsten zu kommen.

Und meine Augen streiften weit und breit, eh ich sie schloß und sprach: »Hier bist du!«

Die Frage und der Ruf: »O wo?« zerschmilzt in tausend Tränenströmen und ertränkt die Welt mit der Flut der Versichrung »Ich bin!«

13

Das Lied, das ich kam zu singen, bleibt ungesungen bis auf diesen Tag.

Ich brachte meine Tage hin, mein Instrument zu stimmen und umzustimmen.

Der Takt kam nicht aus, die Worte sind nicht recht gesetzt, nur eine Pein des Wünschens ist im Herzen.

Die Blüte hat sich nicht geöffnet, nur der Wind seufzt vorüber.

Ich habe sein Angesicht nicht gesehn, nicht gelauscht seiner Stimme; nur seinen leisen Fußtritt hab ich gehört auf der Straße vor meinem Hause.

Der lange Tag verging damit, ihm den Sitz am Boden zu breiten, die Lampe aber ist noch nicht entzündet, ich kann ihn nicht in mein Haus bitten.

Ich lebe der Hoffnung ihn zu treffen, doch dieses Treffen ist noch nicht.

14

Meiner Begierden sind viele, mein Schrei heischt Mitleid, aber du hast mich noch immer gerettet durch hartes Verweigern, mit dieser strengen Gnade hast du mein Leben durch und durch gewirkt.

Tag für Tag machst du mich würdig der einfachen, großen Gaben, die du mir ungebeten gabst – des Himmels, des Lichts, dieses Leibes, Lebens und Geistes – und rettest mich aus der Gefahr des Übermaßes der Wünsche.

Es gibt Zeiten, wo träge ich zögre und andre, wo ich erwache und eile, mein Ziel zu suchen; doch grausam birgst du dich vor mir.

Tag für Tag machst du mich würdig deines vollen Empfangs, indem du dich immer versagst und rettest mich vor der Gefahr der schwachen, unsicheren Wünsche.

15

Hier bin ich, dir Lieder zu singen. In deiner Halle hab ich den Sitz im Winkel.

In deiner Welt hab ich kein Werk zu tun, mein nutzlos Leben kann nur ausströmen zwecklos in Tönen.

Wenn die Stunde schlägt für deinen schweigenden Dienst im dunkeln Tempel der Mitternacht, befiehl mir, mein Meister, vor dir zu stehn und zu singen.

Wenn in der Morgenluft die goldene Harfe gestimmt ist, ehre mich und befiehl mir, vor dich zu treten.

16

Ich habe die Ladung gehabt zum Fest dieser Welt, und so ist mein Leben gesegnet. Meine Augen haben gesehn, meine Ohren gehört.

Mein Teil auf diesem Feste war, mein Instrument zu spielen, ich habe alles, was ich konnte, getan.

Nun frag ich, ist endlich die Zeit mir gekommen, wo ich eintreten darf und dein Antlitz sehn und dir schweigend bieten meinen Gruß?

17

Ich warte nur auf die Liebe, um endlich mich in seine Hände aufzugeben. Deshalb bin ich so spät, und deshalb bin ich schuldig so vieler Lücken.

Sie kommen mit ihren Gesetzen und Regeln, um mich zu binden, doch ich entschlüpfe ihnen immer wieder, denn ich warte nur auf die Liebe, um endlich mich in seine Hände aufzugeben.

Die Leute tadeln mich, nennen mich unbedacht, ich zweifle nicht, sie haben Recht zum Tadel.

Der Markttag ist vorüber, alle Arbeit ist getan für die Geschäftigen. Die da kamen umsonst mich zu rufen, gingen voll Zorn. Ich aber warte nur auf die Liebe, um endlich mich in seine Hände aufzugeben.

18

Wolken häufen auf Wolken sich und es dunkelt.

Geliebter, warum läßt du mich draußen vor dem Tore warten ganz allein?

In der geschäftigen Zeit des Mittagwerkes steh ich zur Menge, aber an diesem dunklen, einsamen Tage hoff ich auf dich allein.

Wenn du mir dein Antlitz nicht zeigst, wenn du mich beiseite läßt, so weiß ich nicht, wie ich die langen Regenstunden verbringen soll.

Ich starre zum fernen Schimmer des Himmels, und mein Herz wandert klagend mit dem ruhelosen Wind.

19

Wenn du nicht sprichst, will ich mein Herz mit deinem Schweigen füllen und dulden. Ich warte und halte mich still wie die Nacht mit ihren gestirnten Vigilien, und ihrem Haupte tief geneigt in Geduld.

Der Morgen wird sicher kommen, das Dunkel wird schwinden und deine Stimme in goldenen Strömen sich ergießen und vom Himmel brechen.

Dann werden deine Worte Schwingen nehmen im Gesang von allen meinen Vogelnestern und deine Melodien werden in Blumen in meinen waldigen Hainen aufbrechen.

20

An dem Tag, da der Lotos blühte, schweifte mein Geist, ach, in die Irre, und ich wußte es nicht. Mein Korb war leer, und die Blume blieb ungepflegt.

Nur dann und wann bedrängte mich Traurigkeit, ich fuhr aus dem Traum und fühlte eine süße Spur seltsamen Wohlgeruches im Südwind.

Die flüchtige Süße machte mein Herz weh vor Sehnsucht, und mir deuchte, es sei der brünstige Atem des Sommers, der seine Vollendung suchte.

Ich wußte noch nicht, daß so nah es war, daß es mein war, daß die vollkommene Süße in meines eignen Herzens Tiefe erblüht war.

21

Lichten muß ich mein Boot. Die trägen Stunden vergehen am Ufer – wehe mir!

Der Frühling verblüht und nimmt Abschied und nun mit der Bürde der welken, wertlosen Blätter harr ich und zaudre.

Die Wogen sind ungestüm und am Gestade auf schattigem Rasenhang flattern die gelben Blätter und fallen.

Auf welch eine Leere starrst du! Fühlest du nicht ein Schauern gehn durch die Luft, mit dem Ton eines fernen Liedes verschwebend vom anderen Ufer?

22

Im tiefen Schatten des regnichten Juli wanderst du leisen Tritts, schweigend der Nacht gleich und täuschest die Wächter.

Heut hat der Morgen die Augen geschlossen, achtlos des drängenden Rufes des lauten Ostwinds; ein dichter Schleier ist über den immer wachen, blauen Himmel gezogen.

Die Wälder lassen die Lieder verstummen und an jedem Haus sind die Türen geschlossen. Du bist der einsame Waller in den verlassenen Gassen. O mein einziger Freund, Geliebtester, die Tore sind offen in meinem Hause – geh nicht vorüber wie ein Traum.

23

Bist du draußen in stürmischer Nacht auf deiner Reise der Liebe, mein Freund? Der Himmel ächzt, wie einer, der verzweifelt.

Kein Schlaf kommt heut Nacht zu mir. Ich öffne das Tor immer wieder und schaue ins Dunkel, mein Freund!

Ich kann nichts erkennen vor mir, wo, frage ich, liegt dein Pfad?

An welch dunklem Gestade des pechschwarzen Flusses, welch fernem Rande des dräuenden Forstes, durch welch irrvolle Tiefe des Schattens suchst du deinen Weg zu mir, mein Freund?

24

Wenn der Tag vorbei, wenn die Vögel verstummen, die Winde müde erschlaffen, dann lege den Schleier der Dunkelheit dicht über mich, wie du die Erde gehüllt hast in Decken des Schlafes und zärtlich schlossest im Dämmern die Blätter des schmachtenden Lotos.

Nimm von dem Wandrer, deß Bündel leer ist von Vorrat, ehe die Reise vollendet, dessen Kleid zerrissen und staubbeschwert, dessen Kräfte erschöpft sind, nimm von ihm Armut und Schmach, erneure sein Leben, der Blume gleich unter der Decke der gütigen Nacht.

25

In der Nacht der Ermüdung laß mich dem Schlaf ohne Kampf mich hingeben und ruhen in deinem Vertraun.

Laß den ermatteten Geist mich nicht zwingen zu armer Bereitung für deinen Dienst.

Du ziehst den Schleier der Nacht über die Augen, ermüdet vom Tage, um ihren Blick zu erneun in der frischen Froheit des Wachens.

26

Er kam und saß mir zur Seite, doch ich erwachte nicht. Welch ein verfluchter Schlaf, ich Elender, war das!

Er kam in schweigender Nacht; er hielt die Harfe in Händen und meine Träume tönten wieder seine Melodien.

Wehe, warum sind so meine Nächte verloren? Wehe, warum vermisse ich immer sein Angesicht, dessen Atem den Schlaf mir berührt?

27

Licht! O, wo ist das Licht? Entzünd es am brennenden Feuer der Sehnsucht!

Da ist die Lampe, doch weh, kein Flackern der Flamme – ist das dein Schicksal mein Herz! Dann wäre dir besser bei weitem der Tod.

Elend klopft an die Tür, seine Botschaft kündet: dein Herr ist wachsam, er ruft durch das Dunkel der Nacht dich zum Stelldichein.

Den Himmel verhängen Wolken; der Regen ist endlos. Ich weiß nicht, was in mir sich regt, weiß nicht seinen Sinn.

Ein Blitzstrahl zieht tieferes Dunkel mir übers Aug, und mein Herz tastet den Pfad, auf den die Stimmen der Nacht mich rufen.

Licht! O, wo ist das Licht? Entzünd es am brennenden Feuer der Sehnsucht. Es donnert, der Wind stürzt kreischend durchs Leere. Die Nacht ist schwarz, schwarz wie ein Stein. Laß nicht die Stunden vergehen im Dunkeln. Zünde die Lampe der Liebe mit deinem Leben.

28

Hartnäckig binden mich Fesseln, aber mein Herz schmerzt, wenn ich sie brechen will.

Freiheit ist was ich brauche, aber ich fühle Scham, sie zu hoffen.

Ich bin sicher: unschätzbarer Reichtum ist in dir, und du bist mein bester Freund, doch hab ich das Herz nicht, den Flitter zu kehren, der meine Zimmer erfüllt.

Das Tuch, das mich deckt, ist ein Tuch aus Staub und aus Tod, ich haß es und heg es in Liebe.

Meine Schuld ist groß, mein Vergehn groß, meine Schande ist schwer und geheim, doch wenn ich komme, mein Gut zu erbitten, zittre ich vor Furcht, daß mir erhört mein Gebet sei!

29

Er, den ich mit meinem Namen umschließe, er weint im Gefängnis. Ich bin immer geschäftig, die Mauer um ihn zu bauen und wie der Wall in den Himmel wächst Tag für Tag, verlier ich in seinem tiefen Schatten mein wahres Sein aus dem Auge.

Ich bin stolz auf die mächtige Mauer, verkleb sie mit Staub und mit Sand; daß nicht das kleinste Loch in diesem Namen bleibe. Bei all dieser Sorge verlier ich mein wahres Sein aus dem Auge.

30

Ich zog allein auf meinem Wege zum Stelldichein. Doch wer ists, der im schweigenden Dunkel mir folgt? Ich schleiche beiseite, um ihn zu meiden, doch entkomme ich nicht seiner Gegenwart.

Er wirbelt den Staub von der Erde mit seinem Stolzieren, er fügt seine laute Stimme zu jedem Wort, das ich äußre.

Er ist mein eignes, kleines Selbst, Herr, er kennt keine Scham, doch ich schäme mich, zu deiner Türe in seiner Gesellschaft zu kommen.

31

»Sag mir, Gefangner, wer hat dich gebunden?«

»Es war mein Meister,« sprach der Gefangne, »ich glaubte jeden in der Welt mit Macht und Reichtum auszustechen. Ich häufte im eignen Schatzhaus das Geld, das meinem König gehört. Als mich Schlaf übermannt, ruhte ich aus auf dem Bett, das für meinen Herrn bereitet, erwachend fand ich mich als Gefangner im eigenen Schatzhaus.«

»Sag mir, Gefangner, wer wars, der diese unbrechbaren Ketten geschmiedet?«

»Ich war es,« sprach der Gefangne, »der diese Ketten mit Sorgfalt geschmiedet. Ich glaubte mit unbesiegbarer Macht, die Welt zu fesseln, um Freiheit nur mir ungestört zu erhalten. So wirkte ich Tag und Nacht an der Kette mit großen Feuern und grausamen, harten Schlägen. Und als das Werk getan, vollendet die Glieder und unzerbrechbar, – da fand ich mich selbst in ihrem Griff.«

32

Mit allen Mitteln halten mich fest, die hier mich lieben in dieser Welt. Anders ist es mit deiner Liebe: sie ist größer als ihre, du machst mich frei!

Daß ich sie nicht vergesse, wagen sie nie allein mich zu lassen. Doch Tag geht auf Tag – du bist nicht zu sehn!

Wenn ich dich nicht rufe im Gebet, wenn ich dich nicht halte im Herzen, so wartet doch deine Liebe für mich auf meine Liebe.

33

Als es Tag war, kamen sie in mein Haus und sprachen: »Wir wollen nur den kleinsten Raum.«

Sie sprachen: »Wir helfen dir deinen Gott verehren, nimm du vorlieb mit unserm Anteil an seiner Gnade.« Dann nahmen sie ihren Sitz im Winkel und saßen still und bescheiden.

Doch im Dunkel der Nacht find ich, wie sie den heiligen Schrein mir erbrechen, laut und ungestüm und mit unheiliger Gier das Opfer von dem Altar meines Gottes reißen.

34

Laß nur dies Wenige übrig von mir, daß ich dich nennen darf, mein All.

Laß nur dies Wenige an Willen mir, daß ich auf allen Seiten dich fühle und zu dir komme in jedem Ding, meine Liebe dir biete in jedem Augenblick.

Laß nur dies Wenige übrig von mir, daß ich dich nimmer verberge.

Laß nur dies Wenige an Fesseln mir, womit mich dein Wille gebunden und dein Zweck in meinem Leben erfüllt ist – das ist die Fessel deiner Liebe.

35

Wo der Geist ohne Furcht ist, das Haupt man hoch trägt,

Wo Erkenntnis frei ist,

Wo die Welt nicht zum Bruchstück von engen, häuslichen Mauern wird,

Wo Worte aus Tiefen der Wahrheit kommen,

Wo unermüdet das Streben den Arm zur Vollkommenheit ausstreckt,

Wo der klare Strom der Vernunft seinen Weg nicht verliert in dem trockenen Sand der Gewohnheit,

Wo der Geist, von dir geleitet, zu immer sich weitendem Denken und Handeln geführt wird –

Zu diesem Himmel der Freiheit, laß, Vater, mein Land du erwachen!

36

Dies ist an dich mein Gebet, Herr – triff, triff bis zur Wurzel des Mangels mein Herz.

Gib mir die Kraft, leicht meine Freuden und Sorgen zu tragen.

Gib mir die Kraft, meine Liebe fruchtbar im Dienste zu machen.

Gib mir die Kraft, die Armen nie zu verleugnen und meine Kniee vor frecher Macht nicht zu beugen.

Gib mir die Kraft, meinen Geist über täglichen Kleinkram zu heben.

Und gib mir die Kraft, meine Kraft deinem Willen hinzugeben in Liebe.

37

Ich dachte, daß meine Reise ihr Ende gefunden, bis zum letzten Bereich meines Könnens – daß der Pfad vor mir geschlossen sei, daß der Vorrat erschöpft und die Zeit gekommen, um Schutz zu finden in stiller Verborgenheit.

Aber ich finde: kein Ende kennt dein Wille mit mir. Wenn alte Worte auf der Zunge sterben, dann brechen neue Melodien im Herzen aus; und wo die alte Spur verloren ist, da wird ein neues Land mit seinen Wundern offenbar.

38

Daß ich dich brauche, nur dich, soll mein Herz wiederholen endlos. Alle Wünsche, die mich zerreißen Tag und Nacht, sind nichtig bis auf den Grund.

Wie die Nacht in ihrem Dunkel den Drang nach Licht birgt, so ringt aus der Tiefe des Unbewußten der Schrei sich los: »Ich brauche dich, nur dich!«

Wie der Sturm sein Ziel im Frieden sucht, wenn er den Frieden bekämpft mit all seiner Macht, so schlägt mein Aufruhr gegen deine Liebe, und doch ist mein Schrei: »Ich brauche dich, nur dich!«

39

Wenn mein Herz hart und verdorrt ist, komm über mich mit einem Regen der Gnade.

Wenn die Huld aus meinem Leben verschwand, komm über mich mit dem Sturm des Gesanges.

Wenn die lärmende Arbeit, das Getöse ringsum sich erhebt und mich abschließt vom Jenseits, komm zu mir, Herr des Schweigens, mit deiner Ruhe, dem Frieden.

Wenn mein bettelhaft Herz sich verkriecht, im Winkel verschlossen, brich das Tor, mein König, und komm mit Gepränge des Königs.

Wenn Begierde die Seele blendet mit Täuschung und Staub, o du Heiliger, Wachender, komme mit Blitz und mit Donner.

40

Gott hielt mir den Regen zurück, Tag auf Tag vom verdorrten Herzen. Feurig nackt ist der Horizont, keine dünnste Decke von sanften Wolken, kein schwächster Wink von fernem, kühlenden Schauer.

Schick das zornige Wetter, schwarz wie der Tod, wenns dein Wunsch ist, das mit der Geißel des Blitzes den Himmel von Pol zu Pol peitscht.

Doch ruf ab, Herr, ruf ab diese lastende schweigende Hitze, still, scharf und grausam, die das Herz mit düstrer Verzweiflung verbrennt.

Laß die Wolke der Gnade schwer niederhängen, wie der tränende Blick der Mutter am Tage des Zornes des Vaters.

41

Wo stehst du hinter ihnen allen, Geliebter, und birgst dich im Schatten? Sie stoßen dich, gehn vorüber auf staubigem Wege, als wärest du nichts. Ich warte hier müde Stunden und breite die Gaben für dich, die Vorübergehenden nehmen die Blumen, eine um die andere – mein Korb ist fast leer.

Vorbei ist der Morgen, vorbei der Mittag. Im Schatten des Abends werden die Augen mir schwer von Schlummer. Die Menschen gehn heim und schauen auf mich und lächeln und füllen mit Scham mich. Ich sitze wie ein Bettlermädchen und zieh meinen Rock mir übers Gesicht, und wenn sie mich fragen, was mir fehlt, senk ich die Augen und antworte nicht.

O, wie könnte ich ihnen wohl sagen, daß auf dich ich warte, daß du mir versprachest zu kommen. Wie könnt ich vor Scham erklären, daß ich als Hochzeitsgut diese Armut trage. Ich pfleg diesen Stolz im Geheimsten des Herzens.

Ich sitze im Gras und träum in den Himmel von dem plötzlichen Glanz deines Kommens – alle Lichter entflammen, goldene Fittiche fliegen um deinen Wagen und die am Wege stehn gaffend, wenn sie dich niedersteigen sehn von deinem Sitz, mich vom Staube zu heben, und dir zur Seite zu setzen, das lumpige Bettlermädchen, erzitternd in Scham und Stolz wie eine Ranke im Sommerwind.

Doch die Zeit gleitet hin und noch kein Laut von den Rädern des Wagens. Manch eine Schar zieht vorüber mit Lärm und Glanz und Geschrei. Bist du es nur, der im Schatten steht, schweigend hinter ihnen allen? Und ich nur, der wartet und weint und sein Herz verzehrt in eitlem Sehnen?

42

Früh am Tage hört ich ein Flüstern, wir sollten segeln im Boote, du und ich allein, und keine Seele der Welt sollte wissen von unsrer Pilgerschaft nach keinem Land und keinem Ziel.

In dem uferlosen Ozean bei deinem schweigenden, lauschenden Lächeln würden meine Lieder zu Melodien schwellen, frei wie die Wogen und frei von allen Banden der Worte.

Ist es noch nicht an der Zeit? Gibt es noch Arbeit zu tun? Schau, der Abend senkte sich über die Küste und im sterbenden Lichte fliegen die Seevögel heim zu den Nestern.

Wer weiß, wann die Kette gelöst wird und das Boot, wie der letzte Schimmer der sinkenden Sonne verschwinden wird in die Nacht?

43

Einst war ein Tag, als ich in Bereitschaft nicht war für dich, und ungebeten wie einer der gemeinen Menge tratest Du in mein Herz, mir unbekannt, mein König. Du drücktest dein Siegel der Ewigkeit auf manch einen flüchtigen Augenblick meines Lebens.

Und heute, als ich aus Zufall umherleuchte, find ich die Siegel, finde umhergestreut sie liegen im Staube, vermischt mit Erinnerung an Freuden und Sorgen des Alltags – vergessen.

Du wandtest dich nicht in Verachtung vom kindischen Spiele im Staube, und der Schritt, den ich hörte am Spielplatz, ist der gleiche, der widerhallt von Stern zu Stern.

44

Dies ist meine Wonne zu warten und wachen am Weg, wo der Schatten das Licht jagt und der Regen kommt beim Erwachen des Sommers.

Boten mit Zeitung von unbekannten Himmeln bieten den Gruß mir und eilen den Weg lang. Mein Herz ist froh in mir und der Atem der streifenden Lüfte ist süß.

Vom Morgen zur Dämmerung sitze ich hier vor dem Tor, und ich weiß, daß plötzlich der glückliche Augenblick kommt, wo ich sehend werde.

Inzwischen lächle und sing ich allein. Inzwischen füllt sich die Luft mit dem Duft des Versprechens.

45

Hörtet ihr nicht seinen schweigenden Schritt? Er kommt, kommt, immer kommt er.

Zu jeder Stunde, zu allen Zeiten, zu jedem Tage, zu jeder Nacht, er kommt, kommt, immer kommt er.

Manch einen Sang hab ich gesungen in mancher Stimmung der Seele, doch alle meine Töne verkündeten nur: Er kommt, kommt, immer kommt er.

In duftigen Tagen des sonnigen April auf Waldespfad, er kommt, kommt, immer kommt er.

In dem regnichten Dunst der Julinächte auf dem Donnerwagen der Wolken, er kommt, kommt, immer kommt er.

In Leid nach Leid ist es sein Schritt, der mein Herz drückt und die goldene Spur seiner Füße läßt meine Freude aufleuchten.

46

Ich weiß nicht aus welch ferner Zeit du immer näher kommst, mich zu treffen. Nicht Sonne, nicht Stern kann dich verborgen halten vor mir auf ewig.

An manchem Morgen und Abend hört ich deinen Fußtritt und deine Boten betraten mein Herz und beriefen mich heimlich.

Ich weiß nicht, warum wohl heute mein Leben bewegt ist und eine Wallung von zitternder Freude mein Herz rührt.

Es ist, als wäre die Zeit gekommen, mein Werk zu beschließen, und ich fühle im Wind einen schwachen Duft deines süßen Daseins.

47

Die Nacht ist fast vorbei mit vergeblichem Warten auf ihn. Ich fürchte, daß plötzlich er morgens ins Tor tritt, wenn ich ermüdet in Schlaf sank. O Freunde, laßt den Weg ihm offen, o wehrt ihm nicht.

Wenn der Klang seines Schritts mich nicht weckt, versucht nicht mich aufzurütteln, ich bitte. Ich wünsche nicht, daß vom Schlafe mich ruft der geräuschvolle Chor der Vögel, nicht das Sausen des Winds beim Feste des Morgenlichts. Laßt schlafen mich ungestört, selbst wenn plötzlich mein Herr in mein Tor tritt.

O mein Schlaf, goldener Schlaf, der nur seine Berührung erwartet, zu schwinden. O meine geschlossenen Augen, die ihr die Lider nur öffnet im Licht seines Lächelns, wenn er wie ein Traum vor mir steht, der auftaucht vom Dunkel des Schlafes.

Laßt ihn erscheinen vor meinem Aug als der erste des Lichts, der Gestalten. Den ersten Freudenschauer in meiner erwachenden Seele, ihn gäbe sein Blick mir. Und laßt meine Rückkunft zu mir zugleich auch die Rückkunft zu ihm sein.

48

Das Meer des Schweigens brach aus am Morgen in Triller der Vogelkehlen; und die Blumen am Wege waren alle fröhlich; der Reichtum des Goldes zerstreute durch Spalten der Wolken sich. Wir aber gingen in Eile des Wegs und achteten nichts.

Wir sangen nicht fröhliche Lieder, wir spielten nicht, wir gingen zum Markt nicht zu tauschen; wir sprachen kein Wort und lächelten nicht. Wir zögerten nicht am Weg, wir beschleunigten unsern Schritt wie die Zeit ging.

Die Sonne stieg auf zum Scheitel, und Tauben girrten im Schatten. Welke Blätter tanzten und wirbelten in heißen Lüften des Mittags. Der Hirtenbub dämmerte und träumte im Schatten des Feigenbaumes – und ich legte mich nieder am Wasser und dehnte die müden Glieder ins Gras.

Die Gefährten spotteten mein, mit erhobenem Haupte eilten sie fort. Sie schauten nicht rückwärts, sie ruhten nicht. Sie schwanden im fernen blauenden Dunst. Sie kreuzten Wiesen und Hügel und zogen durch fremde entlegene Lande. Ehre sei dir, du heldisches Heer, auf unendbarem Pfade! Spott und Verachtung spornten mich, weiter zu wandern, aber sie fanden nicht Antwort in mir. Ich gab mich verloren in Tiefen glücklicher Demut, im Schatten dämmriger Freude.

Die Ruhe der sonnengesäumten grünen Dämmrung legte sich langsam über mein Herz. Ich vergaß, warum ich gewandert, und ergab meinen Geist ohne Kampf dem Gewirre von Schatten und Liedern.

Zuletzt erwacht ich vom Schlummer und öffnet die Augen, da sah ich dich vor mir stehn, meinen Schlaf überflutet von deinem Lächeln. Wie hatt ich gefürchtet, daß der Pfad mir zu lang und ermüdend, und der Kampf dich zu erreichen zu hart sei!

49

Du kamst herab von deinem Thron und standest am Tor meiner Hütte.

Ich sang ganz allein für mich in einer Ecke, und dein Ohr fing meine Melodien auf. Du kamst herab und standest am Tor meiner Hütte.

Meister sind viele in deiner Halle, und Sänge singt man dort alle Stunden. Aber des Neulings einfaches Loblied traf deine Liebe. Die klagende kleine Weise mischte sich mit der großen Musik der Welt, und du kamst mit einer Blume als Preis herab und hieltest am Tor meiner Hütte.

50

Ich ging als Bettler von Tür zu Türe am Dorfweg. Da erschien in der Ferne dein goldner Wagen, wie schimmernder Traum, und ich wunderte mich, wer dieser König der Könige sei.

Meine Hoffnung stieg hoch, und mir deuchten die schlimmen Tage vorbei, ich stand Almosen erwartend, die ungebeten verschenkt, und Reichtum, rings in den Staub geschüttet.

Der Wagen hielt, wo ich stand. Dein Blick fiel auf mich, du stiegst nieder mit Lächeln. Ich fühlte, das Glück meines Lebens sei endlich gekommen. Da plötzlich strecktest du deine Rechte aus und sprachst: »Was hast du mir zu geben?«

O welch ein Königsscherz wars, die Hand zu öffnen, dem Bettler zu betteln! Ich war verwirrt, stand unentschlossen, und aus dem Quersack nahm ich langsam das kleinste Korn und gab es dir.

Doch wie groß mein Erstaunen, als am Ende des Tages den Sack ich geleert auf dem Boden, zuletzt ein kleines Korn von Gold unter dem armen Haufen zu finden. Und bitterlich weint ich und wünschte, ich hätte das Herz gehabt, dir mein Alles zu geben.

51

Die Nacht dunkelte. Unser Tagewerk war getan. Wir glaubten den letzten Gast gekommen zur Nacht, und die Tore des Dorfes wurden geschlossen. Nur einige riefen: »der König wird kommen.« Wir aber lachten und sprachen: »Es kann nicht sein.«

Uns schien, es klopfte am Tor, doch wir sagten, es sei nur der Wind. Wir löschten die Lampen und legten uns nieder zum Schlaf. Nur einige riefen: »Der Bote ists.« Wir aber lachten und sprachen: »Es ist nur der Wind.«

Da kam ein Ton durch die tiefe Nacht. Uns Schläfrigen deucht es wie ferner Donner. Die Erde erbebte, die Mauern wankten und störten uns auf vom Schlaf. Nur einige riefen: »Der Ton von Rädern wars.« Wir aber murmelten schläfrig: »Es muß das Krachen der Wolken sein!«

Die Nacht war noch dunkel, da klang die Drommete. Die Stimme rief: »Wacht auf, zögert nicht!« Wir drückten die Hände aufs Herz und schauderten furchtsam. Nur einige riefen: »Schaut das Banner des Königs!« Wir sprangen auf unsre Füße und schrien: »Dann ist keine Zeit zum Verzug!«

Der König kam, – doch wo sind Lichter und wo sind Kränze? Wie ist ihm der Thron bereitet? O Schmach, o tiefe Schmach. Wo ist die Halle, der Schmuck? Und einer rief: »Eitel dies Schrein! Grüßt ihn mit leeren Händen, führt ihn zu euren nackten Stuben.«

Öffnet die Tore, blast auf die Muschel! In der Tiefe der Nacht kam der König zu unsern dunkeln Häusern. Der Donner brüllt in den Himmel, das Dunkel erschauert von Blitzen. Bring heraus den verschlissenen Teppich und breit ihn im Hof aus. Mit dem Wetter kam plötzlich der König in furchtreicher Nacht.

52

Mir deuchte, ich sollte dich bitten – doch wagt ich es nicht – um den Rosenkranz, den du im Nacken trugst. So wartet ich bis zum Morgen, da du gingst, um ein paar Brocken auf deinem Bette zu finden. Und wie ein Bettler sucht ich im Zwielicht nach ein oder zwei verstreuten Blättern.

Doch sieh! Was find ich? Welch ein Zeichen ließ deine Liebe? Es ist nicht Blüte, nicht Weihrauch und kein Gefäß mit duftendem Wasser. Es ist dein mächtiges Schwert, flammend wie Feuer, schwer wie ein Donnerkeil. Das junge Licht des Morgens kommt durch das Fenster und breitet sich über das Bett aus. Die Morgenvögel zwitschern und fragen: »Weib, was hast du gefunden?« Nein, es ist nicht Blüte, nicht Weihrauch und nicht ein Gefäß mit duftendem Wasser – es ist dein schreckliches Schwert.

Ich sitze und sinne dem Wunder, was heißt diese Gabe von dir? Ich find keinen Platz, wohin ich es berge. Ich schäme mich, es zu tragen, schwach wie ich bin, es verletzt mich, wenn ich an den Busen es drücke. Doch werde ich im Herzen tragen die Ehre der Schmerzenslast dieser Gabe von dir.

Von nun an soll keine Furcht der Welt in mir sein und siegen sollst du in allen meinen Kämpfen. Du ließest den Tod als meinen Gefährten und ich will ihn krönen mit meinem Leben. Dein Schwert ist mit mir, um meine Bande entzwei zu schneiden und keine Furcht der Welt soll in mir sein.

Von jetzt an entlaß ich allen eitlen Schmuck, Herr meines Herzens, nie mehr will ich warten und weinen in Winkeln, kein scheues, sanftes Benehmen mehr. Du hast mir dein Schwert zum Schmuck gegeben – kein Puppenschmuck ist mehr für mich!

53

Schön ist dein Armband mit Sternen bedeckt und künstlich getrieben in tausendfarbigen Juwelen. Doch schöner ist mir dein Schwert mit seinen Ringen von Blitzen wie die ausgespannte Schwinge des göttlichen Vogels des Vischnu, vollkommen gefärbt im zornroten Lichte der sinkenden Sonne.

Es bebt wie das eine letzte Zucken des Lebens in der Ekstase der Pein beim Streiche des Todes; es leuchtet auf, wie die reine Flamme des Seins, die den irdischen Sinn auflodernd verzehrt.

Schön ist dein Armband mit Sternensteinen besetzt, aber dein Schwert, o Herr des Donners, ist geschmiedet mit äußerster Schönheit, schrecklich zu schaun und zu denken.

54

Ich bat dich um nichts, ich nannte nicht meinen Namen vor deinem Ohr. Als du Abschied nahmst, stand ich schweigend. Ich war am Brunnen allein, wo querhin der Schatten des Baums fällt, die Frauen gingen nach Haus mit ihren braunen irdenen Krügen bis zum Rande gefüllt. Sie riefen mir laut, »komm mit uns, der Morgen geht auf den Mittag«, doch ich zögerte träge in dämmerndes Sinnen verloren.

Ich vernahm deinen Schritt nicht, wie du kamst. Dein Blick war traurig, da er mich traf, deine Stimme müde, als du leise sprachst – »Ach, ich bin ein durstiger Waller«. Ich fuhr auf aus wachem Traum und goß Wasser vom Krug auf deine gefalteten Hände. Zu Häupten rauschten die Blätter, der Kuckuck sang unsichtbar aus dem Dunkel, der Duft der Bablablumen kam von der Krümmung des Wegs her.

Sprachlos stand ich in Scham, als du meinen Namen fragtest. Was tat ich für dich, daß du meiner gedenkst. Doch die Erinnerung, daß ich dir Wasser durfte reichen, den Durst dir zu löschen, haftet in meinem Herzen, durchtränkt es mit Süße. Der Morgen ist spät, die Vögel singen in müden Tönen, die Blätter des Paternosterbaums rauschen zu Häupten – ich sitze und sinne und sinne.

55

Matt ist dein Herz und der Schlaf liegt noch auf dem Aug dir.

Kam nicht das Wort zu dir, daß die Blüte in Herrlichkeit herrscht unter Dornen? Wach, o wach auf! Laß nicht die Zeit vergeblich zerrinnen!

Am Ende des steinigen Pfads, im Land keuscher Einsamkeit, sitzet mein Freund ganz allein. Enttäusche ihn nicht. Wach, o wach auf!

Was tuts, wenn der Himmel in Hitze des Mittags flimmert und flittert – wenn der brennende Sand seinen Mantel des Durstes entfaltet –

Freust du dich nicht bis zum Grund deines Herzens? Wird nicht bei jedem Schritt deiner Füße die Harfe des Wegs auftönen in süßer Musik der Schmerzen?

56

Drum ist deine Freude in mir so voll. Darum kamst du zu mir herab, o du Herr aller Himmel, wo wäre deine Liebe, wenn ich nicht wäre?

Du nahmst als Gefährten mich all deines Reichtums. In meinem Herzen spielst du das ewige Spiel deiner Lust, in meinem Leben nimmt dein Wille ewig Gestalt an.

Und deshalb hast du, König der Könige, in Schönheit dich angetan, mein Herz zu umgarnen. Und deshalb verliert deine Liebe sich in der Liebe des Liebenden, so wirst du geschaut in vollkommener Vereinigung von Zwein.

57

Licht, mein Licht, weltfüllendes Licht, augenküssendes, herzbesänftigendes Licht!

Ha, das Licht tanzt, mein Liebling, im Zentrum des Lebens mir; das Licht rührt, mein Liebling, die Saiten der Liebe mir; der Himmel öffnet sich, der Wind weht wild, ein Lachen fährt über die Erde.

Die Falter breiten die Segel über das Meer von Licht; Jasmin und Lilien sprießen empor in die Wogen des Lichts.

Das Licht zerstreut das Gold über jede Wolke, mein Liebling, und es streut verschwenderisch Juwelen.

Frohsinn hüpfet von Blatt zu Blatt, mein Liebling, und maßlose Freude. Der Strom des Himmels verläßt seine Ufer, austreten die Fluten der Freude.

58

Laß alle Spannung der Freude austönen in mein letztes Lied – Freude, die die Erde überfließen macht in schwelgerischen Massen des Grases, Freude, die Leben und Tod als Zwillings-Brüder setzt, Freude, die über die weite Erde tanzt und sich in den Sturm mischt, alles Leben durchrüttelnd und schüttelnd mit Lachen, Freude, die still in Tränen auf rotem Lotos der Pein ruht, Freude, die alles, was sie besitzt, in den Staub wirft und kein Wort kennt.

59

Ich weiß, da ist nichts als deine Liebe, Geliebter du meines Herzens – das goldene Licht, das über die Blätter tanzt, die müßigen Wolken, die durch den Himmel segeln, der sanfte Windhauch, der seine Kühle auf meiner Stirn läßt.

Das Morgenlicht überflutet mein Auge – das ist die Botschaft von dir an mein Herz. Dein Antlitz beugt sich herab, deine Augen schauen auf die meinen, und mein Herz berührt deine Füße.

60

Am Seestrand endloser Welten treffen sich Kinder. Der unbegrenzte Himmel hängt reglos zu Häupten, das rastlose Wasser ist ungestüm. Am Seestrand endloser Welten treffen sich Kinder mit Rufen und Tanzen.

Sie baun ihre Häuser aus Sand und spielen mit leeren Muscheln. Aus welken Blättern flechten sie Boote und lassen sie lächelnd ziehen auf der endlosen Tiefe. Kinder haben ihr Spiel am Seestrand der Welten.

Sie wissen nicht, wie man schwimmt, sie wissen nicht, wie man Netze wirft. Perlfischer tauchen nach Perlen, Kaufleute segeln in Schiffen, wenn Kinder Steine sammeln und Steine zerstreun. Sie suchen nicht nach verborgenen Schätzen, sie wissen nicht, wie man Netze wirft.

Die See braust auf in Gelächter, schwach schimmert das Lächeln der Küste. Todtragende Wogen erzählen den Kindern sinnlose Lieder, gleich einer Mutter, wenn sie die Wiege des Kinds wiegt. Die See spielt mit Kindern, schwach schimmert das Lächeln der Küste.

Am Seestrand endloser Welten treffen sich Kinder. Der Sturm rast in pfadlosem Himmel und Schiffe scheitern auf spurlosem Wasser, der Tod ist draußen und Kinder spielen. Am Seestrand endloser Welten ist der große Spielplatz der Kinder.

61

Der Schlaf, der auf Kinderauge ruht – weiß jemand, woher er kommt? Es geht ein Gerücht, er hat seine Wohnung im Feendorf, wo im Waldesschatten, den schwach Glühwürmchen erhellt, zwei zarte Zauberknospen hängen. Dort kommt er her, des Kindes Aug zu küssen.

Das Lächeln, das über Kindermund huscht im Schlaf – weiß jemand, wo es geboren ist? Es geht das Gerücht, daß ein junger Strahl des wachsenden Monds den Rand einer schwindenden Wolke im Herbst traf – dort ward das

Lächeln geboren im Traum eines taufeuchten Morgens, das Lächeln, das über Kindermund huscht im Schlaf.

Die süße Frische, die Kinderglieder sanft umblüht, weiß jemand, wo sie so lang sich barg? Ja, als die Mutter noch Braut war, da drang ihr durchs Herz in zartem stillen Geheimnis der Liebe – die süße Frische, die Kinderglieder sanft umblüht.

62

Bring ich dir buntes Spielzeug, mein Kind, dann versteh ich, warum es ein Spiel gibt von Farben und Wolken und Wasser, warum die Blumen so farbig getönt sind – bring ich dir buntes Spielzeug, mein Kind.

Wenn ich sing, um dich tanzen zu lassen, so weiß ich wahrlich, warum Musik in den Blättern ist, warum die Wogen den Chor der Stimmen zum Herzen der lauschenden Erde tragen – wenn ich sing um dich tanzen zu lassen.

Bring ich dir Süßigkeit für deine gierigen Händchen, weiß ich, weshalb es Honig gibt im Kelche der Blumen, warum die Früchte sich heimlich mit süßen Säften anfüllen – bring ich dir Süßigkeit für deine gierigen Händchen.

Wenn ich dein Angesicht küsse, mein Liebling, dich lächeln zu machen, verstehe ich sicher die Lust, die vom Himmel herab in das Morgenlicht flutet, und welch Entzücken der Sommerwind meinem Leib bringt, wenn ich dich küsse, dich lächeln zu machen.

63

Du führtest zu Freunden mich, die ich nicht kannte. Du wiesest den Sitz mir im Hause, das nicht mein eigen. Du brachtest das Ferne mir nah und machtest mich Bruder dem Fremden.

Mein Herz ist voll Unruh, wenn das vertraute Obdach ich lassen muß, und ich vergesse, daß altes immer im neuen wohnt, daß auch du dort wohnst.

Durch Geburt und Tod, in dieser Welt oder in andern, wohin du mich führst, du bist es, derselbe, der ein Gefährte des endlosen Lebens, der immer mein Herz mit den Banden der Freude dem Ungewohnten verbindet.

Dem, der dich kennt, ist nichts mehr fremd, keine Tür ist verschlossen. O, gewähr dies Gebet mir, daß ich nie den Segen verliere, das Eine zu fassen im Spiele der Vielen.

64

Am Abhang des einsamen Flusses, im hohen Gras sprach ich zu ihr: »Mädchen, wo gehst du hin, mit dem Mantel die Lampe beschattend? – Mein Haus ist dunkel und einsam – leih mir dein Licht!« Sie schlug einen

Augenblick das dunkle Auge empor und schaut mir durchs Dämmern ins Antlitz: »Ich kam an den Fluß« so sprach sie, »die Lampe aufs Wasser zu setzen, wenn im Westen der Tag geht.« Ich stand allein in dem hohen Gras und gab acht auf das schüchterne Licht ihrer Lampe, das nutzlos trieb mit der Strömung.

Im Schweigen der steigenden Nacht sprach ich zu ihr: »Mädchen, die Lichter sind alle entzündet – wohin trägst du die Lampe? Mein Haus ist dunkel und einsam, – leih mir dein Licht!« Sie schlug ihre dunklen Augen ins Antlitz mir auf und stand zweifelnd ein Weilchen. »Ich kam,« sprach sie endlich, »dem Himmel die Lampe zu leihn.« Ich stand und gab acht auf ihr Licht, das nutzlos im Leeren verbrannte.

Im mondlosen Dunkel der Mitternacht sprach ich zu ihr: »Mädchen, was ist deine Absicht, die Lampe ans Herz dir zu drücken? Mein Haus ist dunkel und einsam, – leih mir dein Licht!« – Sie hielt einen Augenblick an und sann und schaut mir ins Antlitz im Dunkel. »Ich bracht mein Licht,« sprach sie, »es dem Festzug der Lampen zu reihen.« Ich stand und gab acht auf die kleine Lampe, nutzlos verloren unter den Lichtern.

65

Welchen göttlichen Trank wolltest du haben, mein Gott, aus dem überfließenden Kelch meines Lebens?

Mein Dichter, ist es dir Wonne, die Schöpfung durch meine Augen zu sehn und am Tor meiner Ohren zu stehn, um schweigend zu lauschen auf deine eigenen, ewigen Harmonien?

Deine Welt webt Worte in mein Gemüt, doch deine Freude fügt die Musik hinzu. Du gibst dich mir selbst in Liebe, und dann fühlest du ganz deine eigene Süße in mir.

66

Sie, die mir immer verblieb in der Tiefe des Seins, in des Zwielichts Flimmern und Schimmern, sie, die nimmer den Schleier im Morgenlichte entfaltet, wird meine letzte Gabe an dich sein, mein Gott, ganz eingehüllt in meinen Schlußgesang.

Worte warben um sie, doch verfehlten sie zu gewinnen, und Überredung streckte nach ihr umsonst sehnsüchtige Arme.

Ich schweifte von Land zu Land und hielt sie im innersten Herzen und um sie stiegen und fielen Wachstum und Verfall meines Lebens.

All mein Denken und Tun, meinen Schlaf, meine Träume beherrschte nur sie und wohnte allein doch und abseits.

Mancher klopft an mein Tor und fragte nach ihr und wandte sich in Verzweiflung.

Keiner war auf der Welt, der jemals ihr Antlitz gesehen, und sie blieb in der Einsamkeit und wartet auf dein Erkennen.

67

Du bist der Himmel und du bist das Nest zugleich.

Du Schöner, dort ist deine Liebe im Nest, die umschließet die Seele mit Farben, Tönen und Duft.

Da kommt der Morgen mit goldenem Korbe, in seiner Rechten trägt er den Kranz der Schönheit, schweigend die Erde zu kränzen.

Und da kommt der Abend über die einsamen Wiesen, die von den Herden verlaßnen auf spurlosen Pfaden, er trägt kühle Lüfte des Friedens in seinem goldenen Schlauch, von dem westlichen Ozean der Ruhe.

Aber dort, wo der unendliche Himmel sich breitet, in den sich die Seele zum Fluge hebt, dort herrscht der fleckenlose weiße Glanz. Dort ist nicht Tag noch Nacht, nicht Form noch Farbe und nimmer, nimmer ein Wort.

68

Dein Sonnenstrahl kommt herab auf diese meine Erde, mit ausgebreiteten Armen hält er an meiner Tür den lieben langen Tag und trägt zurück zu deinen Füßen die Wolken, gemacht aus meinen Tränen, Seufzern und Sängen.

Mit zärtlicher Lust schlägst du um deine Sternenbrust den Mantel der feuchten Wolke und wandelst sie um zu zahllosen Formen und Falten und färbst sie mit immer wechselnden Farben.

Sie ist so leicht und schwebend und zart und tränenvoll dunkel, das kommt, weil du sie liebst, o du Fleckenloser und Heiterer. Und darum darf sie dein hehres und weißes Licht mit ihrem leidvollen Schatten decken.

69

Der gleiche Strom des Lebens, der Tag und Nacht durch meine Adern fließt, fließt durch die Welt und tanzt in rhythmischen Maßen.

Das gleiche Leben ists, das freudevoll durch den Staub der Erde schießt in zahllosen Gräsern und ausbricht in rauschenden Wogen von Blättern und Blumen.

Das gleiche Leben ists, das geschaukelt wird in der Ozeanwiege von Tod und Geburt, von Ebbe und Flut.

Ich fühl meine Glieder erstrahlen von der Berührung der Welt dieses Lebens. Und mein Stolz stammt aus dem Lebenspuls der Äonen, die durch meine Adern tanzen in diesem Augenblick.

70

Geht es über deine Kräfte, froh zu sein mit dem Frohsinn in diesem Rhythmus? Gefangen, vergangen, verloren im Wirbel dieser angstvollen Freude?

Alle Dinge stürzen weiter, sie halten nicht an, sie schauen nicht zurück, keine Macht hält sie auf, sie stürzen weiter.

Schritt zu halten mit der hinreißenden rastlosen Musik. Jahreszeiten kommen tanzend und gehn. Farben, Töne und Duft schütten endlose Kaskaden in die überströmende Freude, die umherstreut und hingibt und stirbt in jedem Augenblick.

71

Daß ich viel machen sollte aus meinem Selbst, nach allen Seiten es wenden, um in deinen Glanz farbige Schatten zu werfen – das ist deine Maja.

Du setzest eine Schranke im eignen Sein und rufst dein getrenntes Selbst in Myriaden Tönen. Und diese deine Selbsttrennung ist in mir Leib geworden.

Der helle durchdringende Sang hallt durch den ganzen Himmel in vielfarbigen Tränen und Lächeln, Furcht und Hoffnung. Wogen steigen und fallen wieder, Träume zerrinnen und bilden sich. In mir ist deine eigene Selbstvernichtung.

Die Schranke, die du errichtet, ist bemalt mit zahllosen Gestalten, mit dem Pinsel von Tag und Nacht. Dahinter ist dein Thron gewoben in wunderbar geheimnisvollen Schnörkeln, verworfen sind alle Linien, die kahl und gerade sind.

Das große Schauspiel von dir und mir hat sich über den Himmel gebreitet. Von der Melodie von dir und mir erzittern die Lüfte, Zeitalter vergehen mit dem Verbergen und Suchen von dir und mir.

72

Er ist es, der Innerste, der mein Wesen erweckt mit seiner verborgenen Berührung.

Er ist es, der seinen Zauber auf diese Augen legt und freudig auf den Saiten meines Herzens spielt in wechselvoller Weise von Lust und Schmerz.

Er ist es, der den Schleier der Maja webt in flüchtigen Farben von Gold und Silber, von Blau und Grün, der durch die Falten seine Füße schimmern läßt, bei deren Berührung ich mich vergesse.

Tage kommen, Zeitalter gehn und er ist es immer, der mein Herz unter manchem Namen bewegt in mancher Verkleidung, in mancher Verzückung von Freude und Sorge.

73

Befreiung liegt nicht für mich im Verzicht. Ich fühl die Umarmung der Freiheit in tausend Banden der Lust.

Du schenkest mir immer den frischen Trunk deines Weines, verschieden in Farbe und Duft und füllest die irdene Schale zum Rande.

Meine Welt entzündet die hundert verschiedenen Lampen an deiner Flamme und stellt sie auf am Altar deines Tempels.

Nein, ich will nimmer die Tore der Sinne verschließen. Die Wonnen des Sehens und Hörens und Tastens, sie werden deine Wonnen tragen.

Ja, all meine Trugbilder werden zu Freudenfackeln entbrennen und all mein Begehren zu Früchten der Liebe reifen.

74

Es ist nicht mehr Tag, der Schatten liegt auf der Erde. Es ist Zeit, daß zum Fluß ich gehe, den Krug zu füllen.

Die Abendluft ist schwanger von dunkler Musik der Wasser – es ruft mich ins Zwielicht hinaus. In der einsamen Gasse geht Niemand vorüber, der Wind ist auf, die Wellen kräuseln sich auf dem Flusse.

Ich weiß nicht, ob ich je heimwärts wiederkehre, ich weiß nicht, wen mir der Zufall entgegenführt. Dort bei der Furt in dem kleinen Boot spielt der Unbekannte auf seiner Flöte.

75

Deine Gaben erfüllen all unsre Notdurft uns Sterblichen und kommen zu dir zurück unvermindert.

Der Fluß hat sein Tagwerk zu tun und eilt durch Felder und Weiler; doch windet sein unaufhaltbarer Strom zu deinen Füßen sich, um sie zu waschen.

Die Blume durchtränkt die Lüfte mit Duft, doch ihre letzte Verehrung bietet sich dir dar.

Dein Dienst verarmt nicht die Welt.

Den Worten des Dichters entnehmen die Menschen den Sinn, der ihnen gefällt; doch ihr letzter Sinn deutet auf dich.

76

Werd ich Tag für Tag, o Herr meines Lebens vor dir stehn von Angesicht zu Angesicht?

Mit gefalteten Händen, o Herr aller Welten, werd ich vor dir stehn von Angesicht zu Angesicht?

Unter deinem großen Himmel in Schweigen und Einsamkeit mit demütigem Herzen werd ich vor dir stehn von Angesicht zu Angesicht?

In dieser deiner geschäftigen Welt, geräuschvoll von Mühen und Kämpfen werd ich vor dir stehn von Angesicht zu Angesicht?

Und wenn mein Werk getan ist in dieser Welt, o König der Könige, werd ich allein und sprachlos vor dir stehn von Angesicht zu Angesicht?

77

Ich erkenne dich als meinen Gott und steh bei Seite – ich kenne dich nicht als mein Eigen und komme nicht näher. Ich kenne dich als meinen Vater und neige mich deinen Füßen – ich fasse nicht deine Hand wie die eines Freundes.

Ich stehe nicht, wo du herabkommst, um mich zu erkennen und dich mir zu eigen gibst, um dort dich ans Herz zu drücken und dich als Gefährten zu wählen.

Du bist der Bruder unter meinen Brüdern, doch ich beachte sie nicht und teile nicht mein Verdienst mit ihnen, um alles mit dir zu teilen.

In Freude und Leid steh ich nicht auf Seite der Menschen und so steh ich bei dir. Ich schaudre, mein Leben aufzugeben und so tauch ich nicht in das große Wasser des Lebens.

78

Als nun die Schöpfung neu war und alle Sterne schienen im ersten Glanze, da hielten die Götter Versammlung im Himmel und sangen: »O Bild der Vollendung! o lautere Freude!«

Doch einer rief plötzlich: »Es scheint, die Kette des Lichtes zerbrach und ein Stern ging verloren!«

Die Saite der goldenen Harfe zersprang, ihr Lied verstummt, und sie riefen im Schrecken: »Der verlorne Stern war der beste, er war der Ruhm aller Himmel.«

Seit diesem Tag hört das Suchen nicht auf, der Schrei geht von Mund zu Mund, daß die Welt ihre einzige Freude verlor.

Nur im tiefsten Schweigen der Nacht, da lächeln die Sterne und flüstern untereinander: »Umsonst ist dies Suchen! Ungebrochne Vollendung herrscht überall.«

79

Ists nicht mein Teil dich zu treffen in diesem Leben, dann laß mich immer fühlen, daß ich verfehlt deinen Anblick – laß mich nimmer vergessen, laß mich tragen den Stachel der Sorge im Traum wie in wachen Stunden.

Wenn meine Tage vergehen auf wimmelndem Markt dieser Welt und meine Hände sich füllen mit täglichem Vorteil, laß immer mich fühlen, daß nichts ich gewonnen – laß mich nimmer vergessen, laß mich tragen den Stachel der Sorge im Traum wie in wachen Stunden.

Wenn ich am Wegrand sitze, ermüdet atmend, wenn ich mein Bett im niederen Staube bereitet, laß immer mich fühlen, daß meine lange Reise noch vor mir ist – laß mich nimmer vergessen, laß mich tragen den Stachel der Sorge, im Traum wie in wachen Stunden.

Wenn meine Zimmer festlich geschmückt sind, die Flöten tönen und laut das Gelächter, laß immer mich fühlen, daß ich nicht dich in mein Haus lud – laß mich nimmer vergessen, laß mich tragen den Stachel im Traum wie in wachen Stunden.

80

Ich bin wie ein Fetzen der Herbst-Wolke, nutzlos streifend im Himmel. O meine Sonne, ewig klare! Dein Strahl hat meinen Dunst nicht aufgetrunken, um deinem Licht mich zu einen, so zähle ich Monde und Jahre, getrennt von dir.

Wenn dies dein Wunsch und wenn dies dein Spiel, dann nimm meine flüchtige Leere, mal sie mit Farben, vergolde mit Gold sie, treib sie auf dem wehenden Winde, gestalte zu mancherlei Wunder sie.

Und wieder ist es dein Wunsch, zu enden dies Spiel über Nacht, dann werde ich schmelzen und hingehn ins Dunkel oder im Lächeln des weißen Morgens in der Kühle der reinen Klarheit vergehn.

81

An manchem müßigen Tag grämte ich mich der verlornen Zeit. Doch sie war nie verloren, o Herr. Du nahmst jeden Augenblick meines Lebens in deine Hände.

Im Herzen der Dinge verborgen ernährst du den Samen zum Sproß, die Knospe zur Blüte, die reifende Blume zur Frucht.

Ich war müde und schlief auf müßigem Bett und glaubte, mein Werk wäre zu Ende. Am Morgen erwachte ich und fand meinen Garten voll vom Wunder der Blumen.

82

Die Zeit ist endlos in deinen Händen, o Herr. Niemand zählt deine Minuten.

Tage und Nächte gehn, Zeitalter blühen und welken wie Blumen. Du weißt zu warten.

Jahrhunderte folgen einander, um eine kleine wilde Blume zu vollenden.

Wir aber haben nicht Zeit zu verlieren, und da sie uns fehlt, müssen wir unser Glück erraffen. Wir sind zu arm, um zu spät zu kommen.

Und so ists, daß die Zeit geht, ich gebe sie jedem, der sie zudringlich begehrt, und dir bleibt der Altar leer von Gaben bis zum Letzten.

Am Ende des Tages haste ich, fürchtend, dein Tor sei geschlossen; doch finde ich, daß dort noch Zeit ist.

83

Mutter, ich werd eine Perlenkette für deinen Nacken aus meinen Tränen der Sorge weben.

Die Sterne flochten die Ringe von Licht, deinen Fuß zu schmücken, doch meine Kette hängt auf deiner Brust dir.

Reichtum und Ruhm kommt von dir, dir gebührt es zu geben und zu versagen. Aber der Schmerz ist mein eigen durchaus, wenn ich dir ihn als mein Opfer bringe, lohnest du mir mit deiner Gnade.

84

Es ist das Weh der Trennung, das durch die Welt sich verbreitet, Gestalten unzählbar gebiert im unendlichen Himmel.

Es ist dieser Schmerz der Trennung, der nächtlich im Schweigen starret von Stern zu Stern und Gesang wird unter dem raschelnden Laub des regnichten, dunkelen Juli.

Es ist dies überfließende Weh, das sich in Liebe vertieft und Begehren, in Leiden und Freuden der Menschenwohnung, dies ist es, das immer schmilzt und fließet im Lied durch mein Dichterherz.

85

Als aus der Halle des Meisters zuerst die Krieger traten, wo hatten sie ihre Macht verborgen? Wo waren Rüstung und Waffen?

Sie blickten arm und hilflos, die Pfeile hagelten auf sie nieder, am Tage, da sie aus ihres Meisters Halle traten.

Als die Krieger wieder zurück in ihres Meisters Halle schritten, wo verbargen sie ihre Macht?

Sie hatten das Schwert von sich gelegt und Bogen und Pfeile; Frieden thronte auf ihrer Stirn, sie hatten die Früchte ihres Lebens zurückgelassen, an dem Tag, da sie wieder zurück zu ihres Meisters Halle schritten.

86

Tod, dein Diener ist an meiner Tür. Er hat die unbekannte See gekreuzt und deine Botschaft in mein Haus gebracht.

Die Nacht ist dunkel, mein Herz ist furchtsam, und doch will ich die Lampe nehmen, mein Tor ihm öffnen, und ihm Willkommen bieten. Dein Bote ist es, der vor meiner Türe steht.

Ich will ihn ehren mit gekreuzten Händen, ihn ehren mit Tränen. Ich will ihn ehren und ihm den Schatz meines Herzens zu Füßen legen.

Er wird fortgehn, wenn er den Auftrag gesagt und wird auf meinem Morgen einen dunkelen Schatten lassen, in meinem verlassenen Heim bleibt nur mein verlorenes Selbst, meine letzte Gabe für dich.

87

Voll verzweifelter Hoffnung geh ich umher und suche nach ihr in allen Winkeln des Hauses, ich finde sie nicht.

Mein Haus ist klein, und was einmal ging, kann sich nie wiederfinden. Aber unendlich groß ist dein Haus, o Herr, und sie suchend kam ich an deine Tür.

Ich stehe unter dem goldenen Dach deines Abendhimmels und hebe die flehenden Augen zu deinem Antlitz.

Ich kam zum Rande der Ewigkeit, in der nichts schwindet – nicht Hoffnung, nicht Glück und nicht das Bild eines Angesichtes durch Tränen geschaut.

O, tauch mein entleertes Leben in jenen Ozean, versenk es in seine tiefste Fülle. Laß mich noch einmal fühlen im weiten Weltall die süße verlorne Berührung.

88

Gottheit des zertrümmerten Tempels! Die zerrissenen Saiten der Vina singen nicht mehr deinen Preis. Die Glocken des Abends verkünden nicht mehr deines Dienstes Stunde. Die Luft ist still und schweigend rings um dich.

In deine zerstörte Wohnung kommen die duftigen Frühlingslüfte. Sie bringen die Botschaft der Blumen – der Blumen, die man nicht mehr weihet zu deinem Dienst.

Dein Priester von einst sehnt sich wandernd noch immer nach dem verweigerten Opfer. Am Abend, wenn Feuer und Schatten sich mischen dem Dunkel des Staubes, dann kommt er müde zurück zum zerstörten Tempel mit Hunger im Herzen.

Manch ein Festtag kommt zu dir im Schweigen, du Gott des zerstörten Tempels. Manche Nacht der Anbetung geht, und die Lampen sind nicht entzündet.

Viele neue Bilder wurden von Meisterhand schön gebildet und hin zum heiligen Strom des Vergessens getragen, wenn ihre Zeit kam.

Nur die Gottheit des zerstörten Tempels bleibt immer unverehrt, unsterblich verachtet.

89

Kein lautes, geräuschvolles Wort mehr von mir – so ist meines Meisters Wille. Hinfort sprech ich nur noch im Flüstern. Meines Herzens Sprache wird in dem Murmeln eines Gesanges getragen.

Die Menschen hasten zu des Königs Markt. Verkäufer und Käufer sind alle dort. Ich aber erhielt unzeitigen Urlaub inmitten des Tags im Gedränge der Arbeit.

Lass denn die Blumen im Garten erblühen, wenn es auch nicht ihre Zeit ist; und laß die Mittagsbiene ihr träges Summen beginnen.

Gar manche Stunde verbracht ich im Kampfe von Gut und von Böse, nun aber will es die Gunst meines Gespielen in leeren Tagen, mein Herz an sich zu ziehen; und ich weiß nicht, warum dieser plötzliche Ruf, zu welch nutzlosem Ziel.

90

An dem Tage, da der Tod an deine Türe klopfen wird, was willst du ihm bieten?

Ich will vor meinen Gast das volle Gefäß meines Lebens setzen – ich werde ihn nicht mit leeren Händen lassen!

Die ganze süße Kelter meines Herbstes, meiner Sommernächte, die ganze Ernte und der Gewinn des geschäftigen Lebens, das breite ich vor ihn aus am Schluß meiner Tage, wenn der Tod an mein Tor klopft.

91

O du letzte Erfüllung des Lebens, Tod, mein Tod, komm, flüstre mir zu!

Tag um Tag hab ich gewartet auf dich, für dich trug ich die Freuden und Schmerzen des Lebens.

All was ich bin und habe und hoffe und all meine Liebe flossen immer zu dir in tiefem Geheimnis. Ein letzter Blick deiner Augen und mein Leben wird immer dein eigen sein.

Die Blumen sind alle gepflückt, und der Kranz ist bereit für den Bräutigam. Nach der Hochzeit verläßt die Braut ihr Heim, ihren Herrn zu treffen allein in der Einsamkeit der Nacht.

92

Ich weiß, es wird kommen der Tag, wenn mein Blick diese Welt verliert, das Leben Abschied nimmt in Schweigen, der letzte Vorhang mir über die Augen fällt.

Die Sterne werden wachen zur Nacht, der Morgen aufsteigen wie einst, die Stunden sich heben wie Wogen, die Freuden und Schmerzen aufwerfen.

Denk ich des Ziels meiner Stunden, dann bricht die Schranke der Stunden, ich sehe beim Lichte des Todes die Welt mit ihren gleichgültigen Schätzen. Leicht wiegt ihr niederster Sitz und leicht das geringste Leben.

Dinge, die ich umsonst ersehnt und Dinge, die ich erlangt hab – mögen sie ziehn. Laß mich nur wahrhaft besitzen die Dinge, die stets ich verspottet und übersehn.

93

Ich hab meinen Urlaub erhalten, so sagt mir lebwohl, meine Brüder. Ich neige mich allen und nehm meinen Abschied!

Hier geb ich zurück die Schlüssel des Tors – und verzichte auf allen Anspruch im Hause. Ich bitte nur noch um letzte gütige Worte von euch.

Wir waren Nachbarn lang, doch empfing ich mehr als ich geben konnte. Der Tag bricht an, die Lampe erlosch, die mir den dunkeln Winkel erhellte. Ein Befehl kam zu mir, ich bin fertig zur Reise.

94

In dieser Zeit meines Abschieds wünscht mir gut Glück, meine Freunde! Der Himmel errötet im Frühlicht, der Pfad liegt schön vor mir.

Fragt nicht, was ich mit mir nehme. Ich beginne die Reise mit leerer Hand und erwartendem Herzen.

Ich lege mein Hochzeitskleid an und nicht die rotbraune Kutte der Waller. Und drohn auch Gefahren mir unterwegs, ich fürchte mich nicht.

Der Abendstern kommt heraus, wenn meine Wandrung am Ziel ist, und die klagenden Töne der Zwielichtmelodien erklingen vom Torweg des Königs.

95

Ich wußte den Augenblick nicht, da ich einst die Schwelle des Lebens beschritt.

Was war die Macht, die mich hieß, mich zu öffnen in dieses weite Geheimnis, gleich wie die Knospe im Mitternachtswalde.

Als ich am Morgen emporschaut ins Licht, fühlt ich augenblicks, daß ich kein Fremder war in der Welt und daß das Unerforschbare, das ohne Namen ist und Gestalt, mich in seinen Arm nahm in Gestalt meiner Mutter.

So wird der Tod, der gleiche Unbekannte, mir erscheinen als immer gekannt. Und weil ich dies Leben so liebe, so weiß ich, daß ich den Tod gleich lieben werde.

Das Kind schreit auf, nimmt die Mutter es fort von der rechten Brust, um augenblicks den Trost an der linken zu finden.

96

Wenn ich von hier geh, mag dies mein Abschiedswort sein, daß unübertrefflich ist, was ich gesehn.

Ich kostete den verborgenen Honig dieses Lotos, der sich ausdehnt auf dem Ozean von Licht – so bin ich gesegnet – sei dies mein Abschiedswort.

Auf dem Spielplatz unendlicher Formen hatt ich mein Spiel, dort hab ich ihn erblickt, der formlos ist.

Mein ganzer Leib und meine Glieder erbebten bei seiner Berührung, der jenseits Berührung ist – und kommt das Ende hier – laßt es kommen – dies sei mein Abschiedswort.

97

Als ich mit dir spielte, fragte ich nie, wer du bist. Ich kannte nicht Scheu noch Furcht, mein Leben war lärmend.

Am frühen Morgen riefest du mich vom Schlaf auf wie einer meiner Gefährten, und führtest mich laufend von Lichtung zu Lichtung.

In jenen Tagen sorgte ich nicht um den Sinn des Sanges, den du mir sangst. Nur meine Stimme nahm deinen Ton auf, und in seinen Kadenzen tanzte mein Herz.

Nun die Spielzeit vorbei, was heißt das Gesicht, das mir plötzlich kam? Die Welt, den Blick auf deine Füße gesenkt, steht in Ehrfurcht mit all ihren schweigenden Sternen.

98

Ich schmücke dich mit Trophäen und Kränzen von meinen Mängeln. Es steht nicht in meiner Macht, daß ich unbesiegt entkomme.

Ich weiß, mein Stolz rennt gegen die Mauer, mein Leben zerbricht seine Bande in tausend Schmerzen, mein leeres Herz schluchzt aus in Musik, wie ein hohles Rohr, und der Stein wird in Tränen zerschmelzen.

Ich weiß gewiß, die hundert Blätter des Lotos sind nicht für immer geschlossen, das geheime Gefäß seines Honigs wird offenbar werden.

Vom blauen Himmel blicket ein Auge auf mich und ruft mich schweigend. Nichts wird mir bleiben, nichts, was es auch sei, den nackten Tod empfang ich zu deinen Füßen.

99

Laß ich das Steuer fahren, dann weiß ich, die Zeit kam für dich, es zu nehmen. Was nun zu tun ist, soll auf der Stelle getan sein. Umsonst ist das Sträuben.

So nimm deine Hände fort, und schicke dich schweigend in das Verlieren, mein Herz, nimm es als gutes Glück, ganz still zu sitzen, wohin man dich setzte.

Ein jeder Windstoß blies meine Lampen aus und bei dem Versuch, sie neu zu entzünden, vergaß ich alles wieder und wieder.

Doch jetzt will ich weise sein und warten im Dunkeln und die Matte am Boden ausbreiten, und wenn es dir gefällt, o Herr! komm schweigend und nimm deinen Sitz hier ein.

100

Ich tauch in die Tiefe des Meeres der Gestalten, ich hoffe dort die vollkommene Perle des Ungestalten zu finden.

Ich segle nun nicht mehr mit meinem verwitterten Boote von Port zu Port. Die Zeit ist vorbei, da es mir Lust war, von Wogen geworfen zu werden.

Nun sehn ich mich hinzusterben in das Unsterbliche.

In der Halle am unergründlichen Abgrund, wo die Musik der tonlosen Saiten aufschwillt, werd ich die Harfe meines Lebens aufnehmen.

Ich werde sie auf den Ton der Ewigkeit stimmen, und wenn sie den letzten Laut hinausgeschluchzt hat, leg ich meine Harfe schweigend zu Füßen des Schweigenden nieder.

101

Mein Leben lang haben dich meine Lieder gesucht. Sie führten mich hin von Tür zu Tür, mit ihnen tastet ich um mich und suchte und rührte an meine Welt.

Meine Lieder lehrten mich alle Lehren, die je ich gelernt; sie zeigten mir heimliche Pfade, sie brachten vor meinen Blick manch einen Stern am Horizont meines Herzens.

Sie führten mich Tag für Tag zu den Mysterien des Landes von Lust und Leid. Und zu welchem Palasttor brachten sie mich am Abend zuletzt, am Ende der Reise?

102

Ich rühmte mich unter den Menschen, daß ich dich kennte. Sie sehen dein Bild in allen meinen Werken. Sie kommen und fragen »Wo ist er?« Ich weiß keine Antwort für sie. Ich spreche »Ich kann es nicht sagen.« Da tadeln sie mich und gehen voll Hohn. Und du sitzest lächelnd.

Ich legte mein Wissen von dir in dauernde Lieder. Und das Geheimnis von dir entströmte meinem Herzen. Sie kommen und fragen »Sag, was ist ihr Sinn?« Ich weiß keine Antwort für sie. Ich sage »Wer weiß, was der Sinn ist.« Sie lachen und gehen in äußerstem Hohn. Und du sitzest lächelnd.

103

In einen Gruß an dich, mein Gott, laß ich meine Sinne entfalten und rühren die Welt zu deinen Füßen.

Wie die Regenwolke im Juli tief hängt, mit der Last der unausgegossenen Schauer, laß meinen Geist zu deiner Schwelle sich neigen – in einen Gruß an dich.

Laß all meine Lieder die vielen Weisen versammeln in einen Strom, der zum Meere des Schweigens führt – in einen Gruß an dich.

Wie ein Heer heimkehrender Kraniche Tag und Nacht zu den Bergnestern fliegt, laß mein ganzes Leben des Weges ziehn in sein ewiges Heim – in einen Gruß an dich.